दार्शनिक कविताएं

दार्शनिक कविताएं

मनमोहन शर्मा

GenNext Publication

भारत में सन् 2024 में प्रकाशित

जेन्नेकस्ट पब्लिकेशन

5, अंसारी रोड, दरियागंज,

नई दिल्ली–110002

ई–मेल: gennextpublication@hotmail.com

Distribution Network

gyanbooks.com

India, USA, Canada, UK,Australia, France

दार्शनिक कविताएं

ISBN: 978-93-5663-938-6 (PB)

मुद्रित: ज्ञान प्रेस, दिल्ली

अनुक्रमणिका

Preface

Dr Manmohan Sharma (15th September 1942 - 20th April 2023) was a devoted husband & father to his wife Savita & only son Gautam. Unbeknown to us, my father had written these philosophical poems relating to life, which we wish to share with the World. They were found hidden in a draw, upon his passing, that appear to have been written over many years.

My father was a humble & down to earth man, who was very much liked & respected by those who came to know him. He is very much missed by all, but remembered extremely fondly. As his son, I endeavour to follow in his footsteps, always challenging myself to live by his example.

Perhaps my father's humility comes from his simple background. Born in a small village in India, he always valued his own education & that of his siblings. As a single minded individual, he left India in his early twenties to pursue a better life in the UK. Having returned to India to marry my mother, they embarked upon their life together back in England, where I soon arrived. Both of my parents worked in education as teachers, because they believe education is the key to life. My father believed that knowledge empowered both children & adults to unlock their full potential & fulfil their dreams. This was particularly so of girls, so that they could grow up to be confident, independent women.

My father instilled the same work ethos into me, ensuring I gained the best possible education I could enabling me attain a vocation that made a positive contribution towards humanity.

So when I became a doctor, he was extremely proud that so, like him, I could help others. This was particularly so of those who were less fortunate.

Despite his extensive education, he remained a man of faith. As well as these poems, my father has previously published material around this subject & around his passion for education. His titles include "Bhagvad Geeta Gyan - The Universal Knowledge", "विज्ञान में से ज्ञान का सार" - Through A Bilingual Switch" & " हमारी राष्ट्र भाषा- Through A Bilingual Switch".

He has also presented on YouTube: "Dharam Gyan by Dr Sharma UK", parts 1,2,3 & 4
https://www.youtube.com/watch?v=2L1oqDPoOUc,
https://www.youtube.com/watch?v=2NgfigouAro,
https://www.youtube.com/watch?v=G96YnPpFEAo &
https://www.youtube.com/watch?v=jRVllPO71go).

सर्व शक्ति का सार...

कैसी प्रभू तुम ने कायनात बांधी,
प्रत्येक दिन के पीछे एक रात बांधी...
साथ-साथ बांधी.......
कभी रुकते नही हैं तोरे घोड़े,
धरती मां के जो रथ से हैं जोड़े।
प्रत्येक बिहाने चला, चांद दूल्हा बना,
साथ चंद्रमा के तारों की बारात बांधी.
साथ-साथ बांधी....कैसी...
प्रभू तेरी अनंत है माया,
जो कण-कण में तू है समाया।
जग से बाहर नहीं, फिर भी दिखता नहीं।
अपनी योग्यता से कैसी करामात बांधी..
साथ-साथ बांधी... कैसे......
कैसी जुगती से बांधे यह मौसम,
सरदी-गरमी हो तपते हो भीषण।
यह बहार का समय और यह पतझड़ की जा.।
हवा-बादलों के बीच बरसात बांधी...
साथ-साथ बांधी.. कैसे प्रभू .....
पंछी जल-चर और चलते चौपाए,
तू ने सब के हैं जोड़े बनाए।
नाग और नागनी, राग और रागनी,
साथ नारी के नर की है जात बांधी..
साथ-साथ बांधी......
कैसी प्रभू तू ने कायनात बांधी...
प्रत्येक दिन के पीछे एक रात बांधी
साथ-साथ बांधी.....

Philosophy

यदि प्रेम चाहिये,
समर्पण तो हमें स्वयं ही करना होगा।
यदि विश्वास चाहिये,
निष्ठा तो हमें स्वयं ही करनी होगी।
यदि किसी से साथ चाहिये,
समय तो हमें स्वयं भी देना होगा।
कौन कहता है कि रिश्ते, मुफ्त बनते हैं।
मुफ्त तो आज हवा भी नहीं मिलती!
सांस तो हमें स्वयं ही भरनी होती है।
।। सत्यमेव जयते ।।

फूल का सार

रंगों की पहचान है फूल,
हम सबकी मुस्कान है फूल।
ऋतु बसंत की शान है फूल,
ईश्वर का वरदान है फूल।।
काँटों में भी ये उग जाते,
हर मुश्किल को स्वीकार कर पाते।
कीचड़ में भी ये खिल जाते,
फिर भी सबके मन को भाते।।
खुशबू की पहचान है फूल,
माँ धरती की आन है फूल।
सुन्दरता का मान है फूल,
उपवन की तो जान है फूल।।
मिलकर रहना ये सिखलाते,
भेदभाव ना ये दिखलाते।
कोमलता का पाठ पढ़ाते,
मुस्काना हमको सिखलाते।।
रंग-बिरंगे प्यारे फूल,
सबसे सुन्दर न्यारे फूल।
जात-पात से परे हैं फूल, लाल,
गुलाबी, हरे ये फूल।।
।। सत्यमेव जयते।।

ज्ञान संदेश

यदि हम शिक्षा से पहिले संस्कृति,
और व्यापार से पहले व्यवहार।
और उस ईश्वर से पहिले,
मात–पिता के मूल को पहचान लें,
तो जिंदगी में कभी कोई कठिनाई नहीं आयेगी।
।। सत्यमेव जयते।।

मेरी बेटी

मेरी बेटी थोड़ी सी बड़ी हो गई है,
कुछ जिद्दी, कुछ नक्‌चढ़ी हो गई है।
अब अपनी हर इच्छा मनवाने लगी है,
हमें ही वह समझाने लगी है।।
हर दिन नई-नई फरमाइशें होती हैं,
अब तो फरमाइशों की झड़ी हो गई है।
यदि डाँटता हूँ तो आँखें दिखाती है,
स्वयं, गुस्सा करके रूठ जाती है।।
उसे मनाना अब कठिन होता है,
गुस्से में पटाका या फुलझड़ी होती है।
जब वो हँसती है मन मोह लेती है,
घर के कोने-कोने में महक होती है।।
घर आते दिल उसे ही पुकारता है,
सपने सारे अब उसी के संवारता है।
दुनियाँ में अलग पहचान दिलानी है,
हर कदम मिलाकर वो खड़ी हो गई है।।
बेटियाँ सब के जीवन में कहाँ होती हैं,
ईश्वर को जो घर पसंद आए वहाँ होती हैं।।

भारत देश हमारा

सारे ही विश्व में अद्‌भुत, यह भारत देश हमारा।
हम नागरिक हैं सभी इस के, और यह जीवन सार हमारा।।
भारतीय हमारी संस्कृति, जो जीवन के संस्कार समझाए।
जीवन के रिश्तों के प्रति, कर्तव्यों से जांणू हमें कराए।।
कर्तव्यों का पालन करने से ही हो जीवन महान हमारा...
सारे ही विश्व में अद्‌भुत, यह भारत देश हमारा।
भारतीय हमारी भाषाएं, जो हमें आपस में मेल कराएं।
जीवन की प्रस्थिति का मारग हमें दिखलाएं।।
बिन भाषा नाहीं मिल पाए, हमें मानव-जीव सहारा...
सारे ही विश्व में अद्‌भुत, यह भारत देश हमारा...
भारतीय हमारा संगीत, जो खुशीयों के नाच नचाए।
धार्मिक श्लोकों की वाणी से अवगत हमें कराए।।
बिन धार्मिक ज्ञान से नाहीं, होए पार उतारा...
सारे ही विश्व में अद्‌भुत, यह भारत देश हमारा....
गोदी में खेलती हैं, इस की अनेकों ही नदियें।
खेतों में लाएं हरियाली, भोजन की होए ना कमियें।।
भोजन पदार्थ हैं सब से, जीवन का मूल सहारा...
सारे ही विश्व में अद्‌भुत, यह भारत देश हमारा.....
हमें धर्म है सिखलाता, सदा स्वतंत्रता के साथ जीना।
मति-मजहब की ईर्षाओं से, दूरी ही बनाए रहना।।
भारतीय हैं हम सभी देश-वासी, और यह भारत देश हमारा...
हम नागरिक हैं सभी इस के, यह जीवन सार हमारा।।

।। सत्यमेव जयते।।

होली के सात रंगों का सार

लाल रंग आपके गालों के लिए है,
और काला रंग आपके बालों के लिए है।
नीला रंग आपकी आँखों के लिए है,
और पीला रंग आपके हाथों के लिए है।
गुलाबी रंग आपके सपनों के लिए है,
और सफेद रंग आपकी सच्ची सोच के लिए है।
हरा रंग आपके उजले जीवन के लिए है,
इन सभी रंगों के साथ, पहले सात दिन आपके पूरे परिवार के लिए हैं।
होली के पावन पर्व की सभी श्रोता-जन को शुभ-कामनाएँ।

रूप जीवन का

कभी ठंड में ठिठुर के देख लेना,
कभी तपती धूप में जल के देख लेना।।
कैसे होती है सुरक्षा देश की,
कभी सीमा पर चल के देख लेना।।
कभी दिल को पत्थर करके देख लेना,
कभी अपनी भावनाओं को परख के देख लेना।।
कैसे याद करते हैं मुझे मेरे अपने,
कभी अपनों से दूर रहकर देख लेना।।
कभी अपने देश के लिए सोच के देख लेना,
कभी माँ के हाथों को चूम के देख लेना।।
कितना आनंद आता है मरने में यारो,
कभी देश के लिए मरके देख लेना।।
कभी बलिदानियों को याद करके देख लेना,
कोई प्रेमी नहीं है देश जैसा यारो,
मेरी तरह देश से कभी इश्क करके देख लेना।।
।। सत्यमेव जयते।।

तिरंगा रहने दो

किस रावण की काटूं बाहें
किस लंका को आग लगाऊँ..!
घर-घर रावण पग-पग लंका, इतने राम कहाँ से लाऊँ..,!!!
नफरतों का असर देखो,
जानवरों का बंटवारा हो गया,
गाय हिन्दू हो गयी;
और बकरा मुसलमान हो गया।
मंदिरों मे हिंदू देखे, मस्जिदों में मुसलमान,
शाम को जब मयखाने गया;
तब जाकर दिखे इन्सान।
ये पेड़, ये पत्ते, ये शाखें भी परेशान हो जाएं,
अगर परिंदे भी हिन्दू और मुसलमान हो जाएं।

सूखे मेवे भी ये देख कर हैरान हो गए...
न जाने कब नारियल हिन्दू और
खजूर मुसलमान हो गए।
न मस्जिद को जानते हैं, न शिवालों को जानते हैं
जो भूखे पेट होते हैं, वो सिर्फ निवालों को जानते हैं।।
मेरा यही अंदाज जमाने को खलता है।
कि मेरा चिराग हवा के खिलाफ क्यों जलता है......
मैं अमन पसंद हूँ, मेरे शहर में दंगा रहने दो...
लाल और हरे में मत बांटो, मेरी छत पर
तिरंगा रहने दो।।

कविता से मुलाकात हो गयी

सूने से मेरे जीवन में सपनों की बरसात हो गयी,
एक दिन था अकेला, कविता से मुलाकात हो गयी।
कुछ वो मुझसे कहने लगी, कुछ मैं उससे कहने लगा,
एक अनजाने में मुझे उसी से प्यारी सी कुछ बात हो गयी।
वह मेरे शब्दों में घुल कर कविता सरूप कहानी कह गयी,
मैं स्वयं से बाहर आने लगा, वह मेरी जीवन-साथी हो गयी।
कल्पना जब भी उसकी करता हूँ, खिलते से रूप में डूब जाता हूँ,
जीवन के हर पल को एक पल में, वह जीवन सरूप कर गयी।
यह शब्दों का कोई जाल नहीं है, नाही बुना हुआ माया जाल है,
बस यह तो मेरे स्वयं का हाल है, इतनी सी बात मुझे कह गयी।
अब हर खुशी हर गम को, वह मेरे साथ खुशी से सहती है,
अब कुछ भी नही कहती है मुझे, बस हर पल हंसाती ही रहती है।
केवल ओढ़ चुनरिया खुशियों की, वह स्वयं ही मुझे छोह जाती है,
रात का हो सूना-पन या दिन का उजाला, साथ मेरे वह रहती है।
कभी रूठती कभी मुसकराती है, मेरे संग मेरी कल्पना में जीती है।
अब ना जीना उसके बिन, और ना मरना कभी याद आता है,
मेरी सांसों की भरी आत्मा में, एक धड़कन सी बन कर बस गयी।
अकेलेपन के मेरे जीवन में, एक सपनों की रात हो गयी,
एक समय था अकेला मैं, अब एक कविता से मुलाकात हो गयी।

।। सत्यमेव जयते।।

नदी उवाचः

नदी हूँ, मैंने जीवन में हमेशा बढ़ना सीखा है,
सदा आगे को बढती हूँ न पीछे मुड़ना सीखा है।
मगर उत्साह इतना है उछल सागर में मिल जाती,
नहीं उत्साह जिसमें है न उसने जीना सीखा है। (कवि अटल)

उजाला उवाचः

उजाला हूँ अंधेरों को कभी भी सह नहीं सकता,
बिना देखे हुए पीछे मैं आगे बढ़ नहीं सकता।
समाई मुझमें इतनी है जहाँ की घोर व्यापकता,
कोई अपना यह गुण कुछ असंभव हो नहीं सकता। (कवि अटल)

रस्ता उवाचः

मैं रस्ता हूँ हमेशा से ही आगे बढ़ता रहता हूँ,
जिधर कोई भी चल पड़ता उधर ही चलता रहता हूँ।
समर्पण और सेवा का सदा से भाव है मुझमें,
जो सेवा भाव अपनाये उन्हें सुखी करता रहता हूँ। (कवि अटल)
प्रस्तोताः मंजू गुप्ता 'मुस्कान'

मन का सार

मुख से चाहे जो कहला लो, मन पर तो विश्वास नहीं है।
क्या जानूँ किसदिन इस मन की दुनिया से अनबन हो जाये।।
क्या जानूँ किस दिन सपनों से इसका गठबंधन हो जाये।
मन तो है मेरा ही लेकिन, मेरा मेरे पास नहीं है।।
क्या जानूँ किस दिन मन मेरा, तारों को प्यारा हो जाये।
क्या जानूँ किस दिन इस तन से, अनचाहे न्यारा हो जाये।।
इसे बना लूँ पिंजरे का परदेसी, ऐसा तो अभ्यास नहीं है।
क्या जानूँ किस दिन इस मन को कोई नया वहम लग जाये।।
चलते-चलते पथ पर अपने, कोई ठग आकर ठग जाये।
लेकिन इसे रोकने का भी, मेरा कभी प्रयास नहीं है।।
जहाँ चाहता यह चल देता, लेकिन मुझसे द्रोह नहीं है।
मुझे स्वयं लगता जीवन में, इसका कभी बिछोह नहीं है।।
रहूँ ताकता सदा इसे ही, मुझको यों अवकाश नहीं है।
चाहे यह सुख लेकर लौटे, चाहे दुःख ही दुःख ले आये।।
चाहे मुझे रुलाये हँस कर चाहे रो कर मुझे हँसाये।
इसके किसी यत्न से मेरा, रुकता कभी विकास नहीं है।।

ऐसा कैसे हो जाता है...

एक छोटे से बीज से ही, एक पेड़ बड़ा बन जाता है।
भोला सा बचपन होता है, पर बूढ़ा कैसे हो जाता है।
सब कुछ तो होता है तन में, ना जाने क्या खो जाता है।
ऐसा कैसे हो जाता है .....
रोज रात को सो जाता है, रोज सुबह को उठ जाता है।
एक रात ऐसा होता है, सोते का सोता ही रह जाता है।
कल तक जो चलता फिरता था, ऐसे कैसे सो जाता है।
सब कुछ तो होता है तन में, ना जाने क्या खो जाता है।
ऐसा कैसे हो जाता है....
रोज सुबह सूरज उगता है, रोज शाम को ढल जाता है।
कल जिस को हम कल कहते थे, आज वो कैसे आज हो जाता है।
पल जो बीत गया था पल-भर में, वही पल-पल कैसे तरसाता है।
ऐसा कैसे हो जाता है....
रोज-रोज मंदिर को जाता है, राम नाम का जप करता है।
एक रोज ऐसा होता है, राम नाम सत्य सब कहते हैं।
वो चुपचाप पड़ा रहता है, कैसी निद्रा में सो जाता है।
सब कुछ तो होता है तन में, ना जाने क्या खो जाता है।
ऐसा कैसे हो जाता है........
।। सत्यमेव जयते।।

शुभ प्रभात

बहती अविरल भाव से निर्मल जल की धार।
सुन्दर सुमनों ने लिया, पानी में आकार।।
मोती जैसी सुमन से टपक रही है ओस।
मन को महकाती महक, कर देती मदहोश।।
हीरे जैसी चमक है, निखरा-निखरा गात।
कितना सुन्दर लग रहा, झरता हुआ प्रपात।।
नाविक बैठा सोचता, चप्पू लेकर साथ।
अनुपम रचना कर रहा, सारे जग का नाथ।।
खारे जल का पान कर, मोती देती सीप।
आलोकित जग को करें, आसमान के दीप।।
माया मालिक की नहीं, कोई पाया जान।
विज्ञानी सब जगत के हो जाते हैरान।।
दाता सबका एक है, लेकिन नाम अनेक।
चमत्कार को देखकर, है असमर्थ विवेक।।
।। सत्यमेव जयते।।

परम बचन

हे ईश्वर यह मेरी चाह नहीं, के पूरा पथ जान सकूं।
यदि आप करें कृपा स्वरूप प्रकाश इतना, के अगला पग पहिचान सकूं।।
।। सत्यमेव जयते।।
क्रोध सदैव ही हमारे स्वयं की मूर्खता से आरंभ हो कर।
और हमारे अपने ही पश्चाताप पर समाप्त होता है।

आ धीए तुझे प्यार करूं

आ धीए तुझे मैं प्यार करूं, ये जीवन तुझपे वार दूँ।
छिपा के रखूँ अपने आँचल में, ममता का अनमोल उपहार दूँ।।
आ धीए तुझे मैं प्यार करूं, ये जीवन तुझपे वार दूँ....

जब विद्या तू पढ़ जाएगी, अपना स्थान तू पाएगी।
अपने अस्तित्व को बनाए रखना, हमें भी जीना सिखाएगी।।
आ धीए तुझे मैं प्यार करूं, ये जीवन तुझपे वार दूँ....

ये माँ तेरे बिन अधूरी है, जो पापा के लिए जरूरी है।
तेरे भाई का भाग्य तुझसे है,तुझ से ही जीवन-धारा पूरी है।
आ धीए तुझे मैं प्यार करूं, ये जीवन तुझपे वार दूँ...।

श्लोक

नारी तो शक्ति रूप है, बना रहे सम्मान।
बिन सुरक्षा कीतीओं, कभी नाहीं होए कल्याण।।
।। सत्यमेव जयते।।

जीने के प्रमुख साधन

जिन्दगी में सदा मुस्कराते रहिये,
दिल मिले ना मिलें हाथ मिलाते रहिये।
यदि संगमरमर सा तुम्हारा शरीर है,
आशिकों को सदा तरसाते रहिये।
यही जवानी और यह है सुन्दर सा तन,
अपना जलवा यूँही दिखाते रहिये।
अपनी इन कातिल अदाओं से
दीवाना मुझे यूँही बनाते रहिये।
चन्दन सा तुम्हारा है सुर्ख चेहरा,
खुशबू हर तरफ लुटाते रहिये।
अपनी इन मदभरी बातों से,
मुझे यूँही हरदम लुभाते रहिये।

मेरी होंद

माटी से बना, माटी में मिला।
माटी में मिटा, माटी की मेरी मूरत।।
सृजन में सुन्दर्तम, प्रकृति में महत्तम।
मै एक मानव-जान हूँ !

मुझे हिन्दू बनाओ, मुझे मुस्लिम बताओ।
मुझे इसाई ठहराओ, मुझे सिक्ख जताओ।।
जैसी आप हो, मुझमें वही आस्था के दीप जलाओ।
मंदिर, मस्जिद, चर्च, गुरुद्वारा के फेरे लगाओ।।
मेरी आत्मा की आवाज सदा यही कहेगी
मै केवल एक मानव-जान हूँ !
।। सत्यमेव जयते।।

श्रद्धा का सार

प्रेम शब्द का रंग है गहरा, चढ़ने पर अनतोला।
समर्पण जिसका हो नाहीं-स्वार्थ, मिल जाये बिन तोला।।
प्रेम की चादर ओढ़ कर, जो जाये उस देश।
करुणा उदय हो उस में, कोई विकार बचें न शेष।।
प्रेम चदरिया इतनी लंबी, कोई पावे ना इसकी थाह।
इसकी मस्ती अद्‌भुत है, मिट जाये सब आह।।

श्लोक

श्रद्धा तप महान है, जस जान लिया यह ज्ञान।
आत्मा उसी की शान्त रहे, सदैव मिले सम्मान।।
।। सत्यमेव जयते।।

प्यार में धोखा

प्यार कहते हैं जिसे एक हसीं धोखा है।
पूर्ण रूप से जो इंसान को छल जाता है।।
राह चलते हुए कोई अजनबी नजदीक आकर।
चाहे अनचाहे ही कब किसी के भीतर उतर जाता है।।
खुशियां स्वयं ही मिट जाती हैं जिस के लिए।
बस उसी इंसान को कुछ भी नाहीं समझ आता है।।
जीवन लाश, कभी, बोझ, कभी पागलपन।
क्या-क्या बन जाती है कोई नहीं जानता है।।
हर नए मोड़ पे मिलते हैं कई घाव नये।
चोट खाता है, वह स्वयं फिर भी मुस्कुराता है।।
कोई अपना नहीं 'तन्हा' है हकीकत फिर भी।
एक ताल्लुक है जो तोड़ा नहीं जा पाता है।।

'स्वराज' लिखूंगा

कलम उठा दीवारों पर, 'स्वराज' लिखूंगा।
अपने स्वयं में उठती हर, आवाज लिखूंगा।।
मशाल उठा हाथों में, धर्म को धारन कहूँगा।
अपनी ही वाणी से क्रांति का, मान कहूँगा।।
बातें न कर के, अब बस मैं कर्म करूँगा।
राष्ट्र हित में सही है जो, वही कर्म करूँगा।।
गीता का पाठ, सिखाता है, देश पर मिटना।
भिड़ना दुश्मन से, और पूर्ण शक्ति से लड़ना।।
अब न बैठो सिर झुकाए, ना ही समय मत और गंवाओ।
युद्ध करो जवानों, जंग का बिगुल बजाओ।।
गर्म खून में जोश है कितना, कितनी तेज चढ़ी जवानी।
बैठे हो जा तैयार खड़े तुम, भारत मां की है लाज बचानी।।
।। सत्यमेव जयते।।

जीवन स्वरुप

जीवन से पहले, और जीवन के पार।
मृत्यु खोल देती है, सबके लिए स्वयं ही द्वार।।
सम्मान मिलता है सभी को, कौन छोटा तथा कौन बड़ा।
सृष्टि का सिद्धांत देख लीजिए, है यह कितना तगड़ा।।
उलझ रही सभी जिंदगिएं, आगे ही उलझती जाएं।
इस जीवन-स्वरूप भंवर से, बस मृत्यु ही पार लगाएं।।
समाप्ति नहीं होती मृत्यु भी, नव सृजन का होए सुचेत।
मिलना उस परम-स्वरूप का, मुड़ चेतना-स्वरूप प्रवेश।।
।। सत्यमेव जयते ।।

नारी का प्यार

जब-जब स्त्री ने पिता से प्यार किया
दुनिया ने उसे, "आदर्श बेटी" कहा।
जब-जब भाई से प्यार किया
"प्यारी बहना" कहा।
जब-जब पति से प्यार किया
"संस्कारी बहू" कहा।
अपने बेटे से प्यार किया तो
"ममता की मूरत" कहा।
लेकिन स्त्री ने जब-जब सिर्फ
पुरुष से प्यार किया तो
इस दुनिया ने उसे "चरित्रहीन" कहा।
स्त्री के लिए एक पुरुष सिर्फ
पिता, पति, भाई या बेटा ही हो
सकता हैं.?
क्या एक "पुरुष" और "स्त्री"
अच्छे दोस्त नहीं हो सकते..?

दीपावली

जगमग-जगमग दीप जले, आये हर घर में खुशहाली।
किसी के जीवन में न आये, कभी अँधेरी रात जो काली।।
दु:ख दरिद्र सब दूर हों, घर में हो खुशीओं भरा बसेरा।
जीवन में कभी होने ना पाए हमारे, एक क्षण मात्र भी अँधेरा।।
चेहरे से झलके कभी न चिंता, हर पल आनंद का अहसास हो।
सब के मन मंदिर में केवल, बस ईश्वर का ही वास हो।।
भटको ना कभी स्वयं डगर पर, सत्य हो हमारे हमेशा करीब।
चाहे लाखों तूफान आएं, बुझ न पाए जीवन का दीप।।
हो चारों ओर हरियाली सभी के, खिल उठे हर मुरझाई कली।।
उमंगों और उत्साह से भरी, मंगल-मय हो सभी को दीपावली
दीपावली के पर्व की मंगल कामनाएं
।। सत्यमेव जयते।।
भेंटकर्ता: डॉ: मनमोहन शर्मा सूर्य रघू-वंश उत्तरा काशी यूके।

शिक्षा का महत्त्व

बहुत जरूरी होती शिक्षा,
सारे अवगुण धोती शिक्षा।
चाहे जितना पढ़ लें हम पर,
कभी न पूरी होती शिक्षा।
शिक्षा पाकर ही बनते हैं,
नेता, अफसर, शिक्षक।
वैज्ञानिक, यंत्री व्यापारी,
या साधारण रक्षक।
कर्तव्यों का बोध कराती,
अधिकारों का ज्ञान,
शिक्षा से ही मिल सकता है,
सर्वोपरि सम्मान।
बुद्धिहीन को बुद्धि देती, अज्ञानी को ज्ञान.
शिक्षा से ही बन सकता है,
भारत देश महान।

श्लोक

यदा यदा हि धर्मस्य ग्लानिर्भवति भारत।
अभ्युत्थानमधर्मस्य तदात्मानं सृजाम्यहम्।।
परित्राणाय साधूनां विनाशाय च दुष्कृताम्।
धर्मसंस्थापनार्थाय सम्भवामि युगे युगे ।।
।। सत्यमेव जयते।।

सत्य संग का सार

सत्य–संग शब्द दो अन्य शब्दों का मिश्रण है। सत्यः जिस के कर्म से प्रत्येक काल में परिवर्तन हो रहा है। संग जो हमें सत्य के प्रति इकट्ठे करता है अर्थात एक ऐसा वातावण जिस में मिल कर उस सर्व–शक्ति के कर्म स्वरूप ज्ञान का अनुभव करते हैं तथा जिस से प्रभावित हो हम अपने कर्म को दृढ़ता से निभाने का प्रण करते हैं।

सत्य बचन प्रमाण

भारत के उत्तरा–काशी में एक सूर्य वंश का राज्य था और वहां की महाराणी में किसी शारीरक घाट होने के कारण उसे जनणी बन पाने से वंचित रहने को कहा गया था अर्थात ऐसे होने से उसकी मृत्यू निश्चित जानी गई थी जिसे जान कर वह बहुत ही अशांति रहती थीं ऐसे में समझ नहीं आ रहा था कि किसे सत्य जाना जाए। जब वह लगभग ४१ वर्ष की हुई तो एक प्रातः काल उस की अंत्र–गति आत्मा में स्वयं ही किसी धार्मिक–धाम पर जाने की प्रेरणा प्रकट हुई और वह काशी धाम पहुँचने पर क्या देखती है कि एक भारी इकठ में बैठे लोग एक संत–जन के मुख से गीता के उस ज्ञान को सुन रहे थे जिसमें भगवान श्री कृष्ण समझाते हैं कि यदि जन्म हुआ है तो मृत्यु का होना भी निश्चित है ऐसे में मृत्यु से डर किस लिए। यही वह ज्ञान था जिस ने एक महाराणी के अंत्र–गति छुपे नारी कर्म को निभाने की दृढ़ता उत्पन्न कर दी और ऐसे में रोकने पर भी महाराणी ने कहा कि यदि मैं मृत्यु के डर से अपने कर्म को नही कर पाती हूँ मृत्यु तो फिर भी निश्चित है। ऐसे में यदि मैं एवं मेरा बच्चा रहेंगे तो हम मिल कर इस जीवन का आनंद लेंगे। यदि मेरा बच्चा नही रहता तो भी मैं यह खेल तब तक खेलती रहूँगी जब तक मैं जीवित हूँ और यदि मैं ना रहूँ तब भी

मैं अपने बच्चे के फल-स्वरूप अवश्य ही रहूँगी। यह एक नारी कर्म का संकल्प था जिस में केवल बच्चा ही बच पाया तथा महाराणी कुच्छ ही क्षण अपने बच्चे को देख पाई और सत्य में समाय गई।

श्लोक

सत्य-संग जाआं होत है, सत्य स्वरूप ज्ञान।

दिड़ता मन में उपज्य, अंत मिलै सम्मान।।

।। सत्यमेव जयते।।

ॐ चिह्न का सार

चिह्न का उच्चारण उस सर्व-शक्ति का एक मात्र वर्णन है जिसे पूर्व काल में खोजकारों अर्थात संत जनों ने उस सर्व शक्ति की क्रियाओं के प्रसारण का अध्ययन करते समय आश्चर्ज हो स्वयं ही मुख से उचरा गिया था। जब वह संत जन उस सर्वव्यापक-शक्ति की वही अलोकिक सी क्रियाओं का वर्णन अपने साथी जीवों में करने लगते थे तब उनके मुख से बार-बार उसी तेज का प्रभाव उत्तेजित हो ऊओं के स्वर को बोल आगे कुच्छ भी कहने से रुक जाया करते थे ऐसे में उन सभी शरोता-जनों को केवल उ-ओं का उच्चारण ही याद रह पाता था। जब बुद्धिजीवों ने भाषा रूपी अक्षरों का निर्माण किया तब उस उओं के चले आ रहे स्वर का भी एक अक्षर के रूप में ऐसा दिखाई दे रहा रूपी चिह्न भी उकरा गया अर्थात लिखती रूप में देखा जाने लगा ऐसे में फिर धीरे-धीरे लोग इस रूपी चिह्न को ॐ का आकार कहते-कहते ॐ कार कहने लगे। यही ही वह एक ॐ कार रूपी उच्चारण है जिसे एक नई भाषा गुरमुखी में 1 लिखा गया है। कहा कुच्छ बी जाए किन्तु यह रूपी चिह्न केवल उस सर्वव्यापिक शक्ति के वर्णन कर पाने का एक मात्र साधन ही है अन्यथा इस ॐ रूपी चिह्न का अपना कोई स्थितिव नहीं है।

सनातन शब्द का सार

Philosophy to live forever by Dr Sharma UK within the enlightenment of Thy Glory....

सनातन शब्द का उच्चारण इन दो भिन्न-भिन्न उच्चारणों के मिश्रणों से इस होंद में आया है जिसमें प्रारंभिक उच्चारण है और उस सर्व-शक्ति के उच्चारण सत्य का वर्णन करता है जो स्वयं में केवल एक ही सम्पूर्ण-रूपी शक्ति है जिससे स्वयं ही परिवर्तन हो रहा है। शक्ति क्रियाशील है इसलिए शक्ति से क्रियाएं हो रही हैं। और सनातन शब्द का अंतिम उच्चारण है और तन का मूल रूप तंत्र है जो एक से अधिक तत्वों के मिश्रण से वह स्वयं ही अपने रूप का निर्माण किए जा रहा है।

ऐसे में हमारे भीतर एक प्रश्न उठता है, कि वह ऐसे कौन से तत्व हैं जिनके मिश्रण से वह सभी रूप अपना स्वयं ही निर्माण किए जा रहे हैं?

तो सर्व-शक्ति का ज्ञान हमें स्पष्ट करता है कि उस सर्व-शक्ति के यह स्वयं में ही रचाए हुए कुछ तत्व हैं जिनमें वह सर्व-शक्ति स्वयं ही भिन्न-भिन्न मात्रा में समाए हुए इस संपूर्ण संसार का प्रति एक क्षण नए से नए रूप में निर्माण किए जा रही है, जिन्हें हम सूर्य-तत्व, जल-तत्व, वायु-तत्व तथा धरती-तत्व आदि पुकार रहे हैं।

हमारे लिए यह भी जान लेना अति उत्तम होगा कि यह सभी मुख्य तत्व सदैव ही एक समान क्रियायें किए जा रहे हैं जैसे कि सूर्य-तत्व में से उत्पन्न हो रहा उसका प्रकाश एवं ऊर्जा स्वरूप तेज सभी वर्ग के जीवों के लिए एक समान सिद्ध हो रहा है। इसी तरह जल-तत्व सभी वर्ग के जीवों की एक समान प्यास बुझाने के साथ-साथ यदि कोई जीव या वस्तु आदि इस जल-तत्व को छोह जाए तो वह जल-तत्व उन्हें एक समान गीला करना सिद्ध कर रहा है। ठीक इसी ही तरह इस वायु-तत्व का इस संपूर्ण वातावरण में

सदैव ही समाये रहना तथा प्रति एक आकार का धरती तत्व के साथ सदैव ही जुड़े रहना अपनी स्थिरता का आप ही प्रमाण है। जैसे कि हम किसी भी दिशा में चलते जाएं, हम बिना किसी का आदेश लिए स्वयं हो अपने शरीर के ताप-मान का सन्तुलन बनाए रखने के लिए इस वायु-तत्व में से प्रति एक क्षण सांस लेने के साथ-साथ इस धरती-तत्व के साथ सदैव ही जुड़े रहते हैं।

यहां हमारे लिए यह भी जान लेना अति उत्तम होगा कि कुछ अज्ञानी लोग आकाश भी बोल रहे हैं जब कि आकाश को प्रमाणित नही किया जा सकता जबकि इन सभी मुख्य तत्वों को बिना किसी साथी जीव का सहारा लिए किसी भी समय कोई भी जीव स्वयं ही सिद्ध कर सकता है, जैसे कि सूर्य स्वरूप अग्नि-तत्व को छूने से पता चलता है कि तन को क्या अनुभव होता है इसी तरह जल-तत्व को छूने से पता चलता है कि तन को क्या अनुभव होता है। इसी तरह मुख तथा नाक को बंद करने पर हमें क्या अनुभव हो सकता है और ठीक इसी ही तरह धरती-तत्व से ऊपर उछल कर हम जान सकते हैं कि क्या अनुभव होता है।

यहां हमारे लिए यह भी जान लेना अति उत्तम होगा कि यह सभी मुख्य तत्व आपस में मिल जुल कर क्रियायें करते हैं और यह आपस में मिल जुल कर क्रियायें करते हुए वह एक दूसरे तत्व के मूल सिद्धांतों का कभी भी उल्लघंन नही करते अर्थात यह सभी मुख्य तत्व स्वयं में बने रहते हैं जैसे कि सूर्य-तत्व में से उत्पन हो रहा उस का प्रकाश एवं ऊर्जा स्वरूप तेज, अनेक क्रियायें करने के उपरान्त मुड़ उसी सूर्य में समाये जा रहा है। इसी तरह जल-तत्व भी अनेक प्रकार की क्रियांये करने के उपरान्त जब उसमें किसी भी प्रकार का मिश्रण हो जाता है तब यह जल-तत्व भी अंत में स्वयं ही अपने आपको निर्मल किए जा रहा है। निर्मल का सार अर्थ स्वच्छ हो जाता है। इसी तरह जब अनेक प्रकार की क्रियाँयें करते हुए वायु-तत्व में किसी भी गंध या सुगंध आदि का मिश्रण हो जाता है तब यह वायु-तत्व कुछ ही क्षणों में अपना स्वयं ही शुद्धिकरण किए जा रहा है। और ठीक इसी तरह धरती तत्व के किसी भी भाग को खोदकर यदि हम उससे किसी भी

तरह का आकार बना कर रख दें तो अंत में वह हमारा बनाया वह आकार मुड़ उसी धरती–तत्व में समाए जा रहा है। हमारे लिए यह भी जान लेना अति उत्तम होगा कि इन सभी मुख्य तत्वों में से किसी एक भी तत्व का ना होना इस संपूर्ण संसार का ना होना सिद्ध कर सकता है।

बस यही ही सनातन शब्द का सार है जो उस सर्व–शक्ति के स्वयं ही रचाए हुए उन सभी मुख्य तत्वों के मूल सिद्धांतों का वर्णन करता है अर्थात जो तत्व एक समान कर्म स्वरूप क्रियाएं करते हुए अपनी स्वयं में स्थिरता को बनाए रखते हैं उन्हें सनातन कहते हैं जिसे इंग्लिश बोलने वाले लोग Eternal आदि कह रहे हैं। इसलिए सनातन रूपी क्रियाओं का कभी भी अंत नही हो रहा है।

हमारे लिए यह भी जान लेना अति उत्तम होगा कि जिन तत्वों की कर्म स्वरूप क्रियाओं का कभी अंत नही हो रहा हो तो ऐसे में उन तत्वों की कर्म स्वरूप क्रियाओं का कोई प्रारंभ भी नही जाना जा सकता है क्योंकि जिन क्रियाओं का प्रारंभ होता है, उनका अंत भी हुए जाना निश्चित देखा जा रहा है, जैसे कि जब हमें भूख लगती है तब ही हम भोजन खाने की क्रिया आरंभ करते हैं और ज्यूं ही हमारी भूख समाप्त हो जाती है तब उसी समय हम भोजन खाने की क्रिया का अंत कर देते हैं।

ऐसे में हमारे लिए यह जान लेना अति उत्तम होगा कि जिन तत्वों की कर्म स्वरूप क्रियायें इस संसार में सदैव बनी आ रही है बस उन्ही तत्वों को लोग भिन्न–भिन्न रूपों में साक्षी मान अपने दिए वचनों को साकार करने की पुष्टि करते चले आ रहे हैं। इसलिए यदि हमें भी अपने कर्म स्वभाव के फल–स्वरूप इस संसार में सदैव बने रहना है तो हमें भी अपनी इस जीवन यात्रा से जुड़े सभी कर्तव्यों का इन सनातन कर्म स्वरूप क्रियाओं की भांति पालन करते रहना होगा। केवल ऐसा करते हुए ही हम अपनी इस अनथक जीवन यात्रा का शक्ति–पूर्ण आनंद अनुभव कर सकते हैं अन्यथा जो लोग अपनी इच्छा–पूर्ति के लिए जो अनेक कर्म–कांड रूपी क्रियायें कर रहे हैं वह तो केवल एक मात्र मनोरंजन ही सिद्ध हो रही हैं जिनके फलस्वरूप ऐसे

लोग अंत में यहां-वहां भटकते ही देखे जा रहे हैं जिसे यह पूर्व काल से चले आ रहा श्लोक हमें सिद्ध कर रहा है अर्थात यह श्लोक हमें स्पष्ट करता है

श्लोक

बने जो पात्र सनातन क्रियाओं का, तो उज्जवल हो जाए नाम।
सर्व-शक्ति के ज्ञान का, बस यही उत्तम परिणाम।।

जहां पात्र का सार अर्थ तो उस सर्व व्यापक शक्ति की सनातन स्वरूप क्रियाओं को धारण करना है अर्थात धारण करने को ही धर्म कहते हैं जैसे कि जब हमें किसी नए स्थान को जाना होता है तब हम उस नए स्थान की ओर ले जाने वाले मार्ग को धारण कर लेने से वहां पहुंच पाते हैं अन्यथा किसी एक या एक से अधिक जीवों के मत आदि को अपने जीवन का आधार मान लेना तो केवल किसी राजनीतिक लोगों के चलाए हुए मत, मजहब या रिलीजन्स आदि को धारण करना सिद्ध करता है जिसके फल-स्वरूप ऐसे लोग अपनी स्वतंत्रता स्वरूप जीवन को स्वयं ही छोड़ दूसरों की कठपुतली स्वरूप एक-मात्र खिलौना बने जीना होता है अर्थात कभी-कभी ऐसे लोगों का ना चाहते हुए भी दूसरे मत, मजहब या रिलीजन्स आदि को मानने वालों से दूरी बनाए रखना होता है, जबकि उस सर्वव्यापक शक्ति की सनातन स्वरूप क्रियायें तो सभी वर्ग के लोगों की स्वतन्त्रता को सदैव ही बनाए रखती हैं।

इसलिए जो लोग सनातन क्रियाओं को अपने जीवन का आधार मान लेते हैं अर्थात वह धारण कर लेते हैं केवल वही लोग अपनी ज्ञान एवं कर्म इन्द्रियों को वह अपने आधीन कर पातें हैं अर्थात ऐसे लोग अपनी ज्ञान एवं कर्म इन्द्रियों को केवल अपनी आवश्यकताओं आदि को पूरा करने तक ही सीमित रखते हैं और वह अपनी ज्ञान एवं कर्म इन्द्रियों को ऐसी कोई खुली छूट नही देते जिसके फलस्वरूप उन्हें कोई आपत्ति-जनक कुकर्म का दंड आदि भोगना पड़े। इसलिए ऐसे लोग जीवन में आने वाली उन सभी बाधा रूपी, भौतिक एवं रस-रूपी शक्तियों आदि को वह अपने आधीन कर और स्वयं में अधिक शक्तिशाली हो वह अपनी स्वतंत्रता स्वरूप गौरव का

उज्जवल होना सिद्ध कर देते हैं जिन्हें हम उस सर्वशक्ति के प्रति-निद्ध जान नमस्कार करते चले आ रहे हैं और यह वही लोग हैं जिन्हें हम परम-स्वरूप आत्माए जान, आए वर्ष उनके प्रकाश दिवस आदि दुहराते हुए उन्हीं की जीवन यात्रा का गुणगान करते आ रहे हैं जिसे यह पूर्व काल से चले आ रहा श्लोक हमें सिद्ध कर रहा है अर्थात यह श्लोक हमें स्पष्ट करता है

श्लोक

स्वतंत्रता के गौरव को, जो कर पाए सिद्ध।
सर्व-शक्ति के सार का, वही होत प्रति-निद्ध।।
।। सत्यमेव जयते ।।

Ultimate concept of Truth

Philosophy to live forever by Dr Sharma Uk, within the enlightenment of Thy Glory.....

Without the knowledge of Snatan सनातन (Eternal) word, we can't understand any written information in the Holy books because whatever is written down by the authors that they have studied the Act of all the fundamental aliments practically to understand the functional deed's of the reality, thus no Holy book can proves the act of eternity, it is, therefore, whenever people take oath before the Court-Judge (न्यायधीश), and pronounce to their statement appearing in the witness box, the Judge doesn't fully rely onto that person's statement thus the Judge gives order to proceed on regarding the concerned dispute between the parties to find out the ultimate truth for action.

As for example, we watch many seen on television (TV) related to the fire, water, air and earth such as The Act of burning fire to our living resources enormously or the Act of water, destroying the creative or natural form by flooding into or the Act of Air creating stormy environment in which hard to survive and of course the Act of Earth quick, creating massive damage to the living or working places including the natural resources etc. But such kinds of TV seen, neither create any damage to the TV itself or neither harm to the on lookers while whenever we are in such a real situation for facing the acts of fire or water or air or earth etc. In their same circumstances then we all realise ourselves helpless and accept to the Supreme in one voice Thy

Glory is the only Truth, so called the Eternal faith (सत्यमेव जयते or ਸੱਤਿ ਸ੍ਰੀ ਅੱਕਾਲ) and ultimately we consider ourselves the only tiny section of Thy Supreme, So called the Soul (आत्मा)

This all Snatan सनातन (Eternal) information proves that ultimate importance of the Snatan (Eternal) knowledge of faith rather than written form of Holy books.

श्लोक (Act Of Eternity)

सर्व-शक्ति के कर्म से चलता है यह संसार।
जो जीव यह मान ले, वही खुशी बसे घर बाहर।।
।। सत्यमेव जयते ।।